Han pasado los bárbaros

La verdad sobre Casas Viejas

Han pasado los bárbaros

La verdad sobre *Casas Viejas*

Vicente Ballester

Introducción de
José Luis Gutiérrez Molina

Fundación Anselmo Lorenzo, 2024

Un reportaje militante

José Luis Gutiérrez Molina

La matanza de Casas Viejas levantó una enorme ola de solidaridad con las víctimas en la sociedad española, más allá de su adscripción ideológica. Incluso se estableció un pulso entre el Estado y el mundo anarquista español para atender a las familias de los asesinados. Una de las consecuencias que tuvo fue poner de manifiesto las profundas diferencias existentes en la sociedad española, no sólo en lo que respecta a su desigualdad económica, sino también en la existencia de diferentes mundos mentales que tuvieron distintos comportamientos psicosociales. Así, numerosas familias sin hijos pidieron adoptar algún huérfano y muchos comerciantes se aprestaron a donar productos tan diversos como bidones de chorizos o docenas de pantalones. Ofrecimientos rechazados por el mundo obrero libertario que no sólo no aceptaba la caridad de sus opresores, sino que pretendía cubrir las necesidades de los represaliados con sus propios medios.

La CNT, además de actos, colectas y suscripciones abiertas por sindicatos y prensa, publicó varios folletos destinados a recaudar fondos. Uno de ellos, editado en 1933 por Ediciones El Luchador, propiedad de la familia Montseny, *La barbarie gubernamental*, con prólogo de Federico Urales y un epílogo de su hija Federica. Éste no se centra sólo en lo ocurrido en la población gaditana, sino que también se relata la represión ocurrida en otros lugares como Tarrasa, Sardañola, Ripollet, Sallent, Ribarroja, La Rinconada, Sanlúcar de Barrameda, Medina Sidonia y otros.

También escritores, periodistas y poetas publicaron obras sobre los sucesos. Unos a partir de los reportajes que habían escrito, otros de forma directa. Son los casos de Pascual Plá y Beltrán y sus seis romances denominados genéricamente Seisdedos, incluidos en su poemario *Epopeyas de Sangre. Poemas revolucionarios* publicado en 1933, Eduardo de Guzmán, *Un crimen político. La tragedia de Casas Viejas*, también en 1933. Sin olvidar los más que conocidos *¡Casas Viejas!* y *Viaje a la aldea del crimen* de Ramón J. Sender, el primero del mismo 1933 y el segundo de 1934. Desde una perspectiva diferente tenemos el *Casas Viejas* de Julio Romano, pseudónimo del periodista Hipólito González Rodríguez de la Peña, y José Montero Alonso.

Todos ellos escritos de urgencia que intentaban ofrecer su visión de lo ocurrido y aprovechar la expectación que levantaba todo lo relacionado con Casas Viejas. Fue en este contexto cuando el comité regional de la Confederación Regional del Trabajo de Andalucía decidió publicar su propio folleto. La finalidad era doble: recaudar fondos para las víctimas y ofrecer su versión de lo ocurrido a través de informaciones procedentes de las propias familias afectadas. En resumen, dar la versión del mundo obrero frente a la de la burguesía.

El origen del folleto podemos situarlo a mediados de febrero 1933 cuando visitaron Casas Viejas el director del periódico *CNT* Avelino González Mallada y el secretario regional, Vicente Ballester Tinoco. Apenas pasaron unas semanas hasta que, a principios de marzo, apareciera el folleto. *Han pasado los bárbaros (la verdad sobre Casas Viejas)* firmado por el Comité Regional, pero escrito por el propio Ballester tal como aseguró en sus memorias Antonio Rosado López, un destacado militante campesino de Morón de la Frontera y persona cercana al gaditano.

Ballester, militante cenetista gaditano desde los años veinte, había sustituido al sevillano Miguel Mendiola Osuna en la primavera de 1932. Tenía un gran prestigio y había publicado cuatro obras en la colección La Novela Ideal que editaban los Montseny. El gaditano explicitó la finalidad de la publicación: no tenía nada de literatura, sino que estaba escrito a manera de reportaje en el que exponer de forma clara lo ocurrido, sin ocultar ni la crudeza de los hechos ni las enseñanzas revolucionarias que el lector pudiera deducir. Además, de forma expresa, deseaba presentar "sentimientos, volición, ideas y conceptos de los que pueden deducirse provechosas enseñanzas". Es decir, despertar sentimientos revolucionarios narrando un acto heroico en el que los héroes sucumbían a manos de los villanos servidores del Estado. Era la postura generalizada en los medios libertarios que forzaba, cuando no deformaba, los hechos. Por ejemplo, atribuyendo un protagonismo a Seisdedos que no había tenido.

La obra está estructurada en capítulos que recuerdan los artículos periodísticos aparecidos por esas fechas. Nueve capítulos, con gráficos y dos documentos: una carta "autógrafa" y un manifiesto del comité regional andaluz de la CNT. Los más amplios son los dedicados al sitio de la choza de *Seisdedos* y a los fusilamientos. Unas seis páginas cada uno en las que se describen minuciosamente los hechos. Sin embargo, a pesar de los numerosos detalles que se proporcionan –nombres, tamaño de la choza o descripción de los lugares– lo que destaca es su carácter épico. La matanza es una de las páginas de lucha y sufrimiento de un mundo obrero que cuenta "anhelante los minutos [que faltan para] el hecho definitivo que lo librará...: la revolución".

Este interés por convertir el relato en una página dolorosa para el campesinado andaluz, sacrifica la verosimilitud de lo sucedido. Como en las "novelas ideales" que había escrito Ballester, los protagonistas son positivos o negativos. Las horas durante las que los campesinos fueron dueños del pueblo, son descritas de forma "idealizada". Nada se dice de la preparación revolucionaria existente, ni de algo tan inofensivo como la quema de documentación del Registro de la Propiedad. Los revolucionarios sólo saciaron su hambre, aunque todo lo que consumieron lo pagaron; intentaron convencer a los guardias civiles del puesto de que se rindieran y se aprestaron a defenderse aunque conocían que la revolución no había triunfado en todo el país.

Frente a la idealización positiva de los campesinos, las autoridades, caciques y guardias civiles y de asalto son presentados con una esquematización, igualmente "ideal", negativa. Según el relato de Ballester fue el alcalde quien avisó a la guardia civil de las intenciones de los campesinos y esta fuerza quien primero disparó. Aunque quienes peor parados salen son los guardias de asalto: vándalos que entran en la aldea como tropas coloniales. Una percepción compartida por otros sectores de la sociedad española que saca a la luz la idea que se tenía de Andalucía como un territorio subdesarrollado y más cercano al norte de África que a la propia península. El juez instructor del consejo de guerra contra los campesinos, Julio Ramos Hermoso, así lo describió en su informe que recogió la Comisión Parlamentaria que visitó Casas Viejas.

Esta imagen de ocupación colonial, realzada por el parecido de Casas Viejas con un aduar árabe, resulta premonitoria de lo que ocurrirá tres años más tarde por tierras andaluzas. En julio de 1936, las tropas de choque rebeldes del ejército español estacionadas en Marruecos actuaron de forma auténticamente colonial, derecho a botín incluido. Sus acciones, como las de los guardias de asalto, son "razzias" coloniales: ocupación del terreno, abuso de su superioridad de fuego, represión indiscriminada y, finalmente, saqueo de la localidad.

La intención del folleto va más allá de presentar unos asesinatos cometidos por guardias descontrolados. La responsabilidad es del gobierno republicano que dio las órdenes. Una finalidad coherente con la posición del anarcosindicalismo español tras dos años de desengaños. No sólo no se habían cumplido las expectativas reformistas con las que había sido recibido la República, sino que además utilizaba métodos represivos similares a los de la monarquía. Actitud que explicaba los intentos de ocultar lo que era un "estigma para el régimen y responsabilidad de quienes dieron las órdenes de exterminio".

No es una cuestión secundaria en la finalidad del folleto. Junto a la exaltación revolucionaria, atacar a un régimen que había hecho de la desaparición del anarcosindicalismo una de sus obsesiones, era inevitable. La paupérrima existencia de los campesinos de Casas Viejas, agravada por el boicot de los terratenientes, no mejoraba con la llamada "obra transformadora de la República". La incapacidad reformista del régimen tenía su mejor expresión en la brutalidad de los guardias de asalto, el cuerpo de fuerzas de orden público creado por los gobernantes republicanos.

Las autoridades son negativas no sólo por su concepción del orden, sino también por ser políticos. Es la posición clásica del anarquismo. Tampoco de la Comisión Parlamentaria que se había desplazado a la aldea gaditana se podía esperar nada. La justicia sólo podía hacerla el pueblo por sí mismo. No debía olvidar lo ocurrido, "¡¡Remember!!" exclama el autor, y seguir la senda revolucionaria. A fines de año, el anarcosindicalismo hizo de los sucesos uno de los ejes de su campaña abstencionista. Los mítines de republicanos y socialistas fueron boicoteados al grito de ¡Casas Viejas! y el triunfo electoral de la derecha fue contestado con una nueva insurrección.

El texto, como otros de Ballester, según ha hecho notar el hispanista francés Jacques Maurice, está lleno de ritmo teatral. Los cuatro primeros capítulos son como un primer acto en el que, en el estilo más clásico, se presenta el lugar

–la aldea– y los protagonistas –campesinos, terratenientes, autoridades y guardias– de la rebelión. El segundo acto está formado por los capítulos cinco a ocho. Componen el nudo: el asedio a la choza de *Seisdedos* y los fusilamientos. Finalmente, el tercero, incluiría a la vez el desenlace, ya conocido de antemano, y la moraleja. Son de los capítulos noveno al duodécimo.

Si en el primer acto destaca la presentación maniquea de los protagonistas y la exaltación de la conducta de los revolucionarios, en el segundo es en el que se desarrolla la épica. Los protagonistas están solos, frente a frente: los "bárbaros", y los "héroes". Los guardias de asalto y los seis hombres y tres mujeres, atrincherados en una choza, "decididos a salir vencedores... o sucumbir".

El anarquismo cree en la revolución colectiva, no en el golpe de estado de una minoría audaz. A la vez, como ideología no clasista, da al individuo un especial protagonismo: el anarquista debe dar ejemplo de sus ideales con su conducta. Por eso los que mueren abrasados en la choza son "heroicos idealistas, que saben morir y batirse gallardamente en defensa de sus convicciones, y que, si alguna vez matan, lo hacen cara a cara, en defensa propia ..., siempre dando el pecho y con responsabilidad absoluta pero jamás por un sueldo, ni para satisfacción de bajas pasiones".

Estos capítulos están teñidos de un fuerte tinte expresionista que alcanza el surrealismo cuando, tras los fusilamientos, los alrededores de la choza humeante están descritos como "un montón informe de cadáveres, un verdadero río de sangre que los perros beben con avidez".

Expresionismo que ya había aparecido en las primeras páginas cuando se describe la víspera revolucionaria como una "aurora roja que despunta trayendo vientos de fronda, auras de emancipación". Recurso al color que se repite más adelante al referirse simbólicamente al incendio de la choza: "llamas desprendidas de la techumbre de la choza incendiada por la barbarie, serán antorchas poderosas que iluminarán el camino de la Revolución Social". Una imagen que el cine realizado durante el proceso revolucionario, también utilizó en la película realizada por el Sindicato de la Industria del Espectáculo de la CNT titulada *Aurora de esperanza*.

El asedio e incendio final de la choza está narrado con un tono épico, no exento de cierto lirismo muy al gusto de la época. La numantina resistencia de *Seisdedos* y sus acompañantes ante un número superior de atacantes, quienes además poseen mayor potencia de fuego, finaliza con las palabras del último en morir: "Esto está perdido, sálvate tu; sálvate y vénganos". Aquí Ballester ha olvidado por completo el tono periodístico para crear literariamente el "último superviviente".

Se ha dicho que, de los sitiados, la única que había salvado la vida fue la nieta de *Seisdedos*, María Silva Cruz, de diecisiete años, conocida como *La Libertaria*. Sobrina de Jerónimo Silva González, el moribundo en cuya boca pone Ballester las palabras dirigidas al "noveno hombre". Sin embargo, todos los testimonios e investigaciones hablan de nueve asediados. Aunque en la confusión del momento, se hiciera hincapié en los siete muertos y en la fuga de *La Libertaria y* quedara en un segundo plano la presencia de Manuel García Franco, de trece años. Posiblemente en él se inspiró Ballester para crear ese misterioso "último superviviente" que se convierte en el albacea de los asediados y transmisor de sus deseos de venganza.

Manuel García era hijo de Josefa Franco Moya cuñada de Seisdedos. Junto a su hermano Francisco, estuvo en la choza incendiada de la que logró escapar a la vez que su prima María Silva. Tras los sucesos mantuvo una discreción total hasta que prácticamente fue olvidado.

De todas formas, tuvo que aparecer en las informaciones de primera mano de protagonistas, familiares y vecinos de Benalup que recogió Ballester. Así pudo reparar y desarrollar la presencia de Manuel García, aunque la disfrazó con detalles que buscaban proteger su auténtica personalidad. Por ejemplo, separa su salida del casarón de la de María Silva e incluso crea la escena en la que, al huir, los guardias creyeron que lo habían matado y llegaron a darle varias patadas en las costillas para certificarlo. Cuando se fueron, huyó y, dice Ballester, en esos momentos estaba en el "exilio" en donde "aún percibe el detonar de las ametralladoras y suenan en sus oídos... las últimas palabras de Silva pidiendo venganza".

Su figura quedó en el olvido hasta casi cincuenta años más tarde. Fueron el antropólogo Jerome Mintz y el periodista Antonio Ramos Espejo quienes lo rescataron en la década de los ochenta del siglo pasado. ¿Se entrevistó Ballester con Manuel García?, ¿le proporcionaron sus impresiones? No lo sabemos. El hecho es que "el último superviviente" aparece como la persona que recibe las confidencias de Jerónimo Silva antes de morir.

Mientras que el asedio asemeja un relato heroico, la "razzia" policial es descrita de forma seca, casi fría, a modo de bisturí de cirujano que disecciona la "más espeluznante, la más cruel, la más horrible" tragedia. Esquematismo que está en consonancia con lo que se pretende mostrar: un plan premeditado y ejecutado con saña. El relato de las detenciones de los doce campesinos, con sus nombres, se ajusta a lo ocurrido. Incluso la frase ya citada que habla del río de sangre en el que beben los perros, aparece en las declaraciones de María Cruz García, madre de Antonio Montiano Cruz, e Isabel Montiano Cabezas, madres de asesinados en la corraleta, a la Comisión Parlamentaria. No hay lirismo, sólo el crudo relato de lo ocurrido.

Tras los asesinatos los guardias se dedican a saquear el pueblo. Nuevamente los adjetivos vuelven a abundar: las botellas que se beben son "de marca" y las cien pesetas que roban de la caja de la taberna, cree el autor, que se destinan "sin duda a algún fin benéfico". Así como insiste en el papel que tuvieron algunos "señoritos" del pueblo, en especial José Vela Morales, propietario conocido como *El Tuerto*, a quien le atribuye un especial protagonismo en los fusilamientos. Ballester no hizo sino recoger lo que se decía por las calles del pueblo y algún testigo confirmaba.

La familia Vela era una de las más ricas de Casas Viejas. De antiguo, sus relaciones con los campesinos no eran buenas.

Les acusaban de avaros, prepotentes y no cumplir con sus obligaciones como médicos durante la gripe de 1918. José Vela se dedicaba al alquiler de tierras y a la compra-venta de ganado. Su fuerte personalidad y poder le hacían especialmente temido y odiado. En las primeras informaciones aparecidas en la prensa anarquista, le acusaron de haber disparado contra los campesinos y de persuadir al capitán Rojas, jefe de los guardias de asalto, para que hiciera la "razzia" diciéndole: "Si usted se va sin darles ejemplo, volverá a pasar lo mismo otra vez".

Unas acusaciones que nunca se formalizaron oficialmente, pero que estaban en boca de todos y Ballester las recogió. Meses después, en octubre, *El Tuerto* fue objeto de un atentado fallido. Tuvo lugar en su domicilio de Cádiz a donde se había trasladado a vivir. Vela envió una carta a la prensa desmintiendo su participación y acusando al folleto de ser "un libelo despreciable" cuyas "venenosas líneas" habían instigado a los autores del atentado.

Han pasado los bárbaros es a la vez reportaje de denuncia, canto épico y líricas imágenes de revolucionarios en acción. Pero no sólo. También incluye algunas de las fotografías más icónicas de los sucesos. Casas Viejas está entre los acontecimientos sociales que tiene un mayor número de imágenes y viñetas de prensa. Muchos fotógrafos estuvieron en la población y sus trabajos fueron reproducidos por numerosos diarios y revistas gráficas. Eran unos años en los que, todavía, la imagen no ocupaba el espacio que tiene hoy. Casas Viejas marcó una pauta que se fue ampliando cada vez más en los años siguientes.

Por eso contamos con fotografías de algunos de los más importantes profesionales del momento, tanto locales, como regionales y nacionales. Son los casos de los gaditanos Leonardo Zambonino, Dubois y Manuel Iglesias, de los sevillanos Gelán, Sánchez del Pando y Serrano o de los madrileños Díaz Casariego y Campúa.

El folleto insertó siete fotografías, un facsímil de la carta de un testimonio que reprodujo y un croquis del casarón de Seisdedos. Pensamos que las fotos, sin poder asegurarlo en todos los casos, son obra de Leonardo Zambonino Cano, un fotógrafo que colaboraba asiduamente con la prensa local y asistía a los actos de las sociedades obreras gaditanas cuyas reuniones registraba. En julio de 1936 estuvo entre los primeros detenidos por los golpistas. Encarcelado en el carbonero Miraflores y en la cárcel, fue asesinado la madrugada del uno de enero de 1937 en los alrededores de la plaza de toros, un matadero habitual de los sublevados. Su pertenencia a la masonería y militancia en Izquierda Republicana le convirtieron en una de las personas a eliminar.

En enero de 1933 estuvo entre los primeros reporteros gráficos que llegaron a Casas Viejas. Los redactores de *Diario de Cádiz* salieron la tarde del jueves 12 de enero hacia allí. Poco antes de llegar fueron interceptados por la Guardia Civil que les hizo regresar a Medina Sidonia junto a la prensa sevillana de *ABC* y *El Liberal*, que también se dirigían a Benalup. Fue la mañana del viernes trece cuando les permitieron entrar en Casas Viejas. Durante los días siguientes algunas de las fotografías que realizó aparecieron en *Diario de Cádiz*. Regresó un mes después, cuando la Sociedad del Arte de Imprimir y sus Ramos afines de Cádiz repartió entre las familias de las víctimas el dinero recaudado por la suscripción comenzada tres semanas antes. El día doce tomó las dos fotografías de grupos familiares: las del asesinado Manuel Benítez y la de Seisdedos. Ésta última la publicó *Diario de Cádiz* al día siguiente. En ella aparecen hijas y nietas de Francisco Cruz de riguroso luto con un bebé de blanco en brazos de una de ellas. Ha terminado por convertirse en uno de los iconos gráficos de enero de 1933.

Días después acompañó a la comisión de diputados que llegó a Cádiz el 18 de febrero para visitar la población y adquirir informaciones sobre lo sucedido. Fue cuando tomó las fotografías de los diputados en la corraleta, al igual que los otros fotógrafos de Madrid. También ese día documentó la visita que al cementerio realizó el director del diario *CNT* Avelino González Mallada.

Más dudas existen sobre la autoría de la fotografía de María Silva Cruz, Libertaria, que se incluye. Pudieron tomarla Leonardo u otro fotógrafo muy conocido en Cádiz, Dubois. En realidad, lo que aparece en el folleto es un recorte de la foto original que, al completo, aparece sentada ante un escritorio y empuña una pluma. Por el empapelado de la pared de fondo parece que está en el local de la CNT de Cádiz. Idéntico al que figura en la instantánea que se tomó junto con su compañero Miguel Pérez Cordón, que parece ser recuerdo de su boda. En ambas está de luto y tiene el cabello recogido en un moño.

No es aventurar mucho, incluso, que ambas fotografías se tomaran el mismo día. En cualquier caso, el recorte que publicó el periódico de la familia Montseny *El Luchador* en abril de 1933, terminaría convirtiéndose en una de las más conocidas de María Silva.

Han pasado los bárbaros no podía dejar de tener su moraleja. La principal, entre tanto horror y destrucción, remite a otras ideas queridas del anarquismo y presentes en la obra: la naturaleza, la bondad humana y el optimismo.

Sólo hacía unas semanas que los restos de los carbonizados en la choza habían sido enterrados. Permanecieron al aire durante unos diez días y llegaron a convertirse en carroña para los animales. Aun así, el temor iba desapareciendo y el pueblo se atrevía a gritar a los cuatro vientos las canalladas cometidas.

Porque "el campesino andaluz es rebelde por naturaleza, anarquista por temperamento".

Raimundo Carvajal, José Garcés, Juan Estudillo y Luis Barberán.

Local de la CNT de Casas Viejas, después del paso de los Guardias de Asalto.

Detenidos en Medina Sidonia.

Detenidos en Casas Viejas.

¡Casas Viejas!

Confederación Regional del Trabajo
de Andalucía y Extremadura

Han pasado los bárbaros

(La verdad sobre Casas Viejas)

DEDICATORIA:

Homenaje póstumo a «Seisdedos» y sus valientes compañeros; a la memoria de los caídos en los sucesos de enero y de las víctimas de la represión en general.

PRECIO DEL EJEMPLAR: 30 CÉNTIMOS

Pro-víctimas de la represión

P R O L O G O

Presentación obligada de toda nueva publicación. La presente no precisa de estimulante para su venta ni de justificación por su salida; el título, como la finalidad, son harto expresivos y nos relevan de disculpas y falsas inmodestias. Por ello este introito consuetudinario, no persigue otra finalidad que el rellenar un requisito que la fuerza de la costumbre hizo indispensable.

Desprovisto de toda galanura literaria, que siempre adorna, aunque en muchas ocasiones acusa ausencia de ideas y sentimientos, este folleto tiene una virtud: la justeza de apreciación y la carencia de inútil prosa; ni una palabra de más, ni un detalle de menos. Para adquirir datos concretos y no basarse en hipérboles, ni hablar por boca de ganso, repitiendo lo que ha dicho diferentes veces y de distintas maneras la prensa burguesa, desplazamos un delegado al lugar de la tragedia, el que, por su propio esfuerzo, sin ayuda ni inmunidad de ninguna clase, contando nada más que con la cooperación de las familias de las víctimas, del pueblo todo de Casas Viejas y de los compañeros de Cádiz, adquirió la convicción plena de lo ocurrido, cuya intensidad y alcance puede apreciarse a través de la lectura de las siguientes páginas y los datos exactos para la confección del folleto. No podemos envanecernos, empero si el éxito nos acompaña en nuestra empresa; esta es la obra del pueblo, como obra del pueblo fué también la edificante rebelión de Casas Viejas.

Pero en compensación a la falta de literatura ramplona, hallará el lector: crudeza, realismo, sobriedad, sentimientos, volición, ideas y conceptos de los que pueden deducirse provechosas enseñanzas para un próximo avenir; y sobre todo, ilustración y profusión de argumentos, suministrados de una forma clara y sencilla para que, el que leyere, comprenda, sin hacer un gran esfuerzo mental, el génesis, curso y final de los tristes acontecimientos de Casas Viejas. Si el lector es un proletario, y además revolucionario, vibrará de indignación en algunos pasajes, como hemos vibrado nosotros al oírlos narrar de boca de sencillos aldeanos, como vibran las almas rebeldes y sensibles ante la injusticia y el crimen.

Con relieve propio se salen del marco reducido de estas sencillas páginas, las figuras grandiosas de «Seisdedos» y sus valientes compañeros; titanes esforzados de la libertad; legionarios impenitentes de la Anarquía; caballeros decididos de la gran cruzada, a cuya memoria debemos veneración y respeto. Porque la insurrección de los campesinos de Benalup, fué algo más que un sencillo movimiento huelguístico; fué la exaltación sublime de la rebeldía popular; la manifestación expresa del sentimiento revolucionario; la explosión magnífica de las ansias emancipadoras, tanto tiempo contenidas por un pueblo hambriento; gesta gallarda y valiente iniciada por los campesinos; asalto brioso a la fortaleza Capitalista...

Contar esta epopeya gloriosa, realzar con la descripción de sus propios actos las figuras de sus héroes; grabar, con caracteres indelebles, el monstruoso crimen y cooperar económicamente a la suscripción abierta para las víctimas de la represión, tal es el objetivo propuesto al editar esta obrita por

EL COMITÉ REGIONAL.

¡Casas Viejas!

I

Más que un sepulcro donde quedaran depositadas las ansias de libertad, Casas Viejas es hoy un símbolo; es la aurora, una aurora roja que despunta trayendo vientos de fronda, auras de emancipación; reducto donde se concentra un momento la atención de todo el proletariado revolucionario; punto de partida hacia la nueva era; las llamas desprendidas de la techumbre de la choza incendiada por la barbarie, serán antorchas poderosas que iluminarán el camino de la Revolución Social.

Poco más de tres leguas separan de Medina-Sidonia a la aldea de Benalup. Su aspecto, como su nombre, responde a la influencia de la raza árabe; las chozas irregulares, con sus techumbres cubiertas de musgos y eneas, semejan un aduar; quizás esta influencia del ambiente, junto con las órdenes terminantes del Gobierno, sugirieron en el ánimo del capitán de los de asalto la idea de razzia. Un sendero, estrecho y tortuoso, bordeado de altas y espesas chumberas y unas chozas aisladas a manera de avanzadilla;

calles tortuosas y empinadas, de entre las que se destaca una más estrecha, cubierta de guijarros, por la que corre un chorro de agua cristalina, que más abajo, en último término, va a mezclarse con las heces o inmundicias que expelen de las chozas; todo ello, dentro de la vida austera de pueblo, da la sensación de miseria y de pobreza, de civilización que agoniza o de tribu primitiva y nómada a la que son ajenos los rudimentos más elementales de la ciencia y el progreso.

Como en la totalidad de los pueblos andaluces, la vida del campesino es de hambre y privaciones, paupérrima en demasía. Los latifundistas y grandes terratenientes, cuyos intereses en nada lesiona la reforma agraria, tienen extendidos sus tentáculos en esta vasta región, y no hay término, por pequeño y escondido que se encuentre, donde no sienten sus reales estos entes improductivos y que constituyen una verdadera rémora para el fomento y desarrollo de la agricultura, con notorio perjuicio de los pueblos cuya única fuente de riqueza está en la tierra cultivable de su término.

Los «señoritos» prefieren emplear el terreno para la cría y fomento de reses bravas; abandonarlos criminalmente hasta convertirlo en un erial o reservarlo para cotos de caza donde expansionarse con sus queridas y barraganas. Cuatro tipos de este jaez son dueños del escaso término de Casas Viejas; por ello las faenas del campo propiamente dichas, nunca constituían la solución definitiva del problema, si bien eran un lenitivo, una ayuda relativa a la escasez forzosa de los largos meses de obligada holganza. Pero este año, la situación era más desesperada aún; los señoritos, en un saboteo indirecto al régimen, se negaron a sembrar como en anteriores épocas; en vano los trabajadores acudieron al Ayuntamiento y enviaron comisiones a Medina y a Cádiz; el alcalde se excusaba con el gobernador y éste a su vez con el ministro; comprendieron los campesinos que el laboreo forzoso y la reforma agraria eran dos tópicos para asustar a los pequeños labradores y deslumbrar a los incautos que aún creen en la obra transformadora de la República, pero que en la práctica son dos entelequias perfectamente inútiles, a las que no se les ve otra finalidad que la de nutrir el enorme vientre de la nueva burocracia creada en su torno, ya que no ataca la entraña viva del problema que, por otra parte, no puede resolver ningún sistema que reconozca como principio equitativo y justo la propiedad privada.

A tal extremo llegó el estado de miseria en el pueblo, que el Ayuntamiento de Medina enviaba como donativo ciento cincuenta pesetas diarias que se repartían alternativamente entre los más necesitados, a razón de una peseta los solteros y una peseta y cincuenta céntimos los casados; y con esta limosna y cogiendo espárragos y cobrando alguna piececilla a espaldas de la guardia civil, los campesinos de Casas Viejas mataban el hambre, mientras en sus mentes se forjaba el gran sueño, la hermosa quimera de la Revolución. Porque a un pueblo que así vive, que así vegeta, nadie puede discutirle el derecho a la rebelión, es sagrado; el cautivo ha de buscar su libertad, como el hambriento el alimento preciso para subsistir, y el que padece sed busca el remanso apacible donde aplacarla; y el pueblo de Casas Viejas, el campesino de Benalup, no menos esclavo que el resto del proletariado y como él con hambre y sed de justicia, esperaba anhelante contando los minutos por las palpitaciones de su corazón, el hecho definitivo que lo librara de tal coyunda, de semejante yugo: la Revolución salvadora que declarara libre la tierra, aquella misma tierra que no querían cultivar los señoritos, hasta que un día...

II

LA REBELION

Serían las seis de la mañana del día 11 de Enero y año 1933 de gracia republicana. Un bullir extraordinario se notaba en la aldea; numerosos grupos circulaban por las calles abrazándose sonrientes, estrechándose las manos con efusión. La buena nueva pronto no constituyó un secreto para nadie en el pueblo: en España había triunfado la Revolución Social y el comunismo libertario había pasado de concepción abstracta a realidad palmaria.

¿Quién llevó la noticia? Difícilmente podía precisarse; lo cierto es que, aunque aislados del resto de los pueblos, no lo estaban tanto que ignoraran por mucho tiempo lo sucedido; nadie se acordó de comprobar la noticia en la ciudad cercana; ninguno preguntó a otro por conducto de quién la había recibido; les parecía tan lógico y natural el triunfo, qué ni por un momento admitieron la duda; la victoria era un hecho; lo decían sus caras alegres y satisfechas y el pánico de los «señoritos», sorprendidos desagradablemente por los acontecimientos; y además lo había dicho el delegado, y el delegado no podía mentir.

— ¡Hemos triunfado! ¡Hemos triunfado! — se escuchaba por doquier — . ¡Se acabaron los zánganos; ahora el que quiera consumir producirá también!

Pronto la bandera rojinegra, convertida en símbolo de libertad por la voluntad expresa del pueblo, ondeó gallarda en el Sindicato de la C. N. T., única organización obrera de la aldea. Alguien dijo que mientras se pensaba en la organización de la nueva vida, no había que olvidar que aún quedaban en el pueblo representantes del régimen caído qué podían constituir un peligro para la Revolución. Un grupo se destacó a casa del alcalde pedáneo notificándole lo ocurrido y haciéndole ver la inutilidad e insensatez de una resistencia; al mismo tiempo le encomendaron se llegara al cuartel de la guardia civil y le expusiera el caso al comandante del puesto para que entregaran las armas, garantizándole el respeto para las personas si éstas procedían juiciosamente, pues el sistema implantado era el libertario y no quería mancharse con una indignidad.

Al cuartel se dirigió Bascuñana, que es el alcalde en cuestión, percatado de que era inútil hacer desistir al pueblo de sus propósitos, cosa que no intentó siquiera. Los campesinos se estacionaron en la plaza aguardando la respuesta de los guardias; ¿qué dijo el alcalde a éstos? Lo contrario de lo que le encomendaron y la respuesta a la noble invitación del pueblo fué el plomo mortífero de los fusiles mercenarios.

Media hora más tarde sonaba la primera descarga que partía del interior del cuartel hacia los campesinos diseminados por la plaza, algunos con sus escopetas a la bandolera; minutos después, una segunda descarga salió de lo alto del edificio atronando el espacio; la plaza quedó totalmente desierta; esto confió a los guardias; el sargento con gorro de cuartel es el primero que sale a la calle y desde ella hace señas a los guardias para que salgan; así lo hacen éstos creyendo conjurado el peligro, pero a los pocos pasos retroceden al darse cuenta de que en ventanas, esquinas y azoteas hay hombres parapetados con las escopetas prontas; suenan dos disparos simultáneos y a continuación una descarga cerrada; el sargento y un guardia caen al suelo fulminados; los otros dos guardias resultan con heridas leves de perdigones en manos y rostro; los bravos escopeteros del pueblo, los guerrilleros de la revuelta, respondían cumplidamente a la torpe provocación, causando las primeras víctimas de aquella sangrienta jornada.

III

PRECAUCIONES Y DUDAS

Al surgir este primer encuentro, la inesperada agresión, el ánimo de los campesinos se sobrecogió un tanto; ¿no era cierto el triunfo? Las primeras dudas asaltaron el pensamiento de los más reflexivos. La situación, a pesar de todo era favorable a los rebeldes por la superioridad numérica; mas podían llegar refuerzos de Medina y en ese caso la lucha era inevitable; había que tomar precauciones por si ésta llegaba. Requisaron algunas escopetas y asaltaron el almacén de explosivos, dándose a la confección de cartuchos con perdigones corrientes y munición de la llamada lobera, que son unas bolas de plomo o perdigón poco más pequeño que un garbanzo.

Durante unas horas fueron dueños absolutos del pueblo; y en este tiempo es justo consignar que no se cometió el más leve desmán. No hicieron el menor caso de los guardias que permanecían en el cuartel, aguardando sin duda la acometida; no se preocuparon de las personas odiosas de los caciques, olvidando el proceder de José Espina, Antonio Pérez Blanco, Negrone, Eurile y los hermanos Vela; en compensación, uno de estos últimos, el llamado José, cuando entraron los refuerzos se sumó a la fuerza haciendo fuego alevosa y criminalmente contra los honrados campesinos a costa de cuyo sudor y sangre, vertida en duras jornadas de trabajo, ha logrado el bienestar que tiene.

La sola preocupación de los rebeldes fué la de saciar el hambre, harto contenida del pueblo, atendiendo en primer lugar a los más necesitados. Pero no se crea por esto que se registraron actos de pillaje y saqueo; esta importante misión le estaba reservaba a las hordas galarcianas; los comestibles, que en aquel día fueron servidos sin tasa ni medida, como consecuencia lógica del miedo que poseían los dueños que pensaban llegada su última hora, y que fueron también abonados correctamente; ningún comerciante de Casas Viejas puede afirmar lo contrario sin faltar a la verdad.

En su deseo de evitar posibles refuerzos, cortaron las comunicaciones y empezaron a abrir unas zanjas de escasa profundidad en la carretera; ya era tarde para estas medidas; el alcalde, probablemente desde el mismo cuartel de la benemérita institución creada para perseguir bandoleros y puesta al servicio exclusivo de los poderosos para salvaguardar sus intereses, había comunicado con la capital y pedido refuerzos urgentemente a Medina y Alcalá de los Gazules.

De este último punto llegaron los primeros guardias civiles; esos mismos que días después y en el puesto de procedencia, aplicaron por tres veces consecutivas el tormento de los palillos al obrero José Lobón Gómez, para que se prestara a sus sucios manejos denunciando a honrados obreros, como autores de hechos delictivos que no habían cometido.

Los guardias entraron por la calle principal haciendo fuego desde el coche que los conducía; algunos tiros sueltos respondieron a la agresión de la fuerza pública, no registrándose en este segundo encuentro ninguna baja de ésta. En cambio fué muerto de un certero balazo Rafael Mateo Vela, semiciego que se encontraba metiendo leña de la calle a un horno; al acudir en su auxilio el obrero Manuel Moreno Mané, fué ligeramente herido en un hombro; Juan Cabeza se encontraba a la puerta de su casa y un guardia le ordenó:

— ¡Cierra esa puerta!

Estando cumpliendo el mandato recibió un tiro de fusil que le atravesó un costado de parte a parte; estos son los dos únicos heridos que han resultado en Casas Viejas y lo fueron por la guardia civil con anterioridad a la llegada de los primeros guardias de asalto.

IV

LOS VÁNDALOS

Por fin llegaron en tres camiones los guardias de asalto que habían de escribir tan negra página en la historia de España.

Como una legión de vándalos llegaban dispuestos a cometer las mayores atrocidades, sin reparar en la clase de medios con tal de lograr el objetivo propuesto por el mando supremo: la reducción de los campesinos o el exterminio y destrucción del pueblo entero.

El capitán que los mandaba llevaba órdenes concretas del Gobierno, carta blanca para disponer de las vidas y haciendas de los labriegos.

Para amedrentar a los vecinos, que ya se habían refugiado en sus chozas, empezaron a disparar las armas a discreción. Un breve cambio de impresiones entre los jefes que mandaban ambas fuerzas, para que los últimamente llegados conocieran el alcance de los sucesos, que hasta entonces, si bien eran de importancia, no habían adquirido la gravedad extrema que poco después, merced a la crueldad empleada con los campesinos, alcanzaron.

El capitán de los de asalto dijo resuelto, con desplante bravucón:

— Dejadnos hacer; nosotros terminamos esto en un periquete — y acto seguido dio unas órdenes; su gente se desplegó, sonó un pito estridente y empezó un recio tiroteo.

Esta vez el pueblo respondió también con violencia; varios guardias dieron con sus cuerpos en tierra derribados por los certeros disparos de los valientes escopeteros. Las chozas vomitaban fuego, particularmente la de «Seisdedos». Esto y el no haber producido ninguna baja en los campesinos, después de varias horas de intenso tiroteo, irritó a los guardias de asalto que no contaron con una resistencia tan tenaz.

Llegan más guardias de Medina y con nuevo material; traen bombas de mano y ametralladoras; en una loma cercana emplazan cuatro de éstas y barren las calles sin orden ni concierto. Se ha reunido en la aldea un verdadero ejército que opera sin plan alguno y entre el que reina enorme confusión; en más de una ocasión, la guardia bisoña de la República, orgullo de los socialistas, se produce bajas ella misma; los vecinos refieren cómo varias veces oyeron gritar a los galarcianos increpando a otro grupo:

— ¡Nó tiréis; aquí somos la guardia; no tiréis más!

Numerosos campesinos, aterrorizados, comprendiendo que toda resistencia era inútil y viendo fracasados sus sueños de amor y libertad, huyeron al campo llevándose sus escopetas, buscando refugio en la naturaleza agreste y feraz de la sierra.

Algunas chozas seguían resistiendo, aunque cada vez con menor ardor, siendo paulatinamente más largas las intermitencias del fuego; la munición se agotaba y los campesinos se mordían los puños de rabia al comprender su impotencia y la esterilidad del sacrificio.

Sólo una choza, en la calle Medina, mantenía a raya a los fusileros del Estado. A esto quedó reducida en la tarde del día 11 toda la resistencia de Casas Viejas. Seis valientes y tres mujeres desafiaban a la muerte con desdén supremo; sabían que de los que representaban el orden social establecido, no podían aguardar piedad ni compasión, que por otra parte les hubiera deshonrado como revolucionarios, y con un valor espartano, con un heroísmo legendario se atrincheraron decididos a salir vencedores para perdonar y gozar la libertad conquistada, o sucumbir entre los restos de la choza, nimbadas sus frentes por la sublime aureola de la Idea.

V

«SEISDEDOS» Y SU BALUARTE

El buen padre y cariñoso abuelo Francisco Cruz Gutiérrez, conocido más comúnmente por el «Seisdedos», debido a que en una de sus manos contaba un dedo más de lo normal, igual que sus descendientes, de «setenta y tres» años, era muy estimado en el pueblo y conocidas su bondad y laboriosidad proverbiales; así lo ha reconocido el mismo cura de la aldea, a pesar de no compartir las ideas del venerable anciano; esta vez la maledicencia se ha detenido al borde de la fosa; la calumnia no ha osado trasponer los umbrales de la muerte; todo se ha estrellado ante la austeridad de una vida ejemplar, y no se ha podido forjar en su torno, como otras veces en casos análogos, la leyenda vulgar y denigrante que atenóa^(sic) a los ojos del vulgo, el crimen de los poderosos. Ni atenuantes ni eximentes: de un lado el asesinato perpetrado por gente de baja estofa, por el hampa uniformada, por aquellos que han hecho un oficio de la antítesis del quinto mandamiento, obedeciendo las órdenes de otros entes, aun de peor catadura moral, aunque se hallen elevados en solios y poltronas; del otro, heroicos idealistas, que saben batirse y morir gallardamente en defensa de sus convicciones, y que si alguna vez matan, lo hacen cara a cara, en defensa propia, por instinto, siempre dando el pecho y con responsabilidad absoluta, pero jamás por un sueldo, ni a satisfacción de bajas pasiones.

Sabían los defensores de la choza que durante trece horas fué baluarte inexpugnable, que el movimiento estaba fracasado en un orden nacional; que en la misma aldea nadie resistía más que ellos, que forzosamente habrían de sucumbir ante la superioridad del enemigo y la calidad de las armas de éste; sin embargo ninguno pensó en rendirse: resistir a toda costa era su única obsesión.

Los guardias cuando vieron que el fuego había quedado localizado a la choza de «Seisdedos», creyeron el asunto terminado y se dispusieron al asalto; dos de ellos se adelantaron temerarios o imprudentes; uno mismo llegó hasta la puerta de la choza, la que abrió a culatazos; un disparo seco y el guardia cayó a tierra para no levantarse más; desde este instante la puerta no volvió a cerrarse, permitiendo que el interior de la choza pudiera ser fácilmente batido por la fusilería, en sentido oblicuo, por ambos lados, lo que reducía considerablemente la capacidad de ella. El otro guardia, al ver caer a su compañero trata de parapetarse en una especie de medianera que divide en dos la corraliza a la entrada misma de la choza, pero un tiro descerrajado desde el fondo de la misma da con él en tierra hiriéndolo de consideración; arrastrándose consigue llegar hasta el pie mismo del murete donde se hacían fuertes los valerosos adalides de la libertad, y allí permaneció entre dos fuegos más de diez horas. En otro lugar de este folleto damos un croquis acotado convenientemente, para que el lector pueda reproducir en su imaginación, lo más fielmente posible, el dramatismo de esta escena.

Al encontrar inopinada resistencia se desata el ánimo de los de asalto, y echando espumarajos por la boca y lanzando vocablos soeces, redoblan su furia en el ataque; una verdadera nube de plomo caía sobre la techumbre y paredes de la choza; la muerte se cernía sobre las cabezas de los sitiados.

Emplazaron dos ametralladoras entre unas chumberas, en plano superior, próximo a la parte denominada Camino Alto; una de ellas quedó inutilizada por su mal emplazamiento; la otra tuvo que ser emplazada algo más lejos, pues en su primitivo sitio no había quien la sirviera; lo impedían las cuatro escopetas de «Seisdedos» y sus animosos compañeros. En este instante y por la ventana posterior de la choza, que mide «treinta y cinco centímetros» por «cuarenta», logró salir María Silva Cruz, que más tarde habría de ser conocida por el sobrenombre de «La Libertaria»; emprendió una veloz carrera en la que le acompañó una descarga cerrada de los guardias; afortunadamente no sufrió más que una ligera rozadura de bala en una pierna. Una borrica que estaba en aquellos alrededores cayó acribillada materialmente.

Se hizo de noche. La calma habitual de la aldea se veía alterada por el tableteo incesante de la ametralladora, el nutrido fuego de los mosquetones y las recias detonaciones de las escopetas rebeldes, que resistieron durante toda la noche el asedio pertinaz de las fuerzas gubernamentales.

— Las bombas, las bombas — ordenó una voz de mando cortando las imprecaciones de los guardias.

Se emplearon bombas de percusión, aunque con resultado negativo. La acción de los artefactos quedaba neutralizada al caer sobre el musgo de la techumbre que amortiguaba el choque; no quedaba más que un recurso: estrellarlas sobre el pequeño murete, de metro y medio de altura, que servía de sostén a los palos rollizos, en los que se entrelazaba el pasto del techo; pero se corría el riesgo de que el efecto expansivo del explosivo quedara en la corraliza dañando nada o muy poco la choza, cuyos moradores estaban a cubierto de la metralla; entonces surgió la idea terrible de realizar un auto de fe con los indomables.

— ¡¡Gasolina y algodón!!; ¡¡incendiemos la choza!!;¡¡arrasemos el pueblo!!; pero terminemos pronto. Se agotaba la paciencia de los vándalos; el valor frío y sereno de aquellos hombres los irritaba.

Esas exclamaciones las escucharon perfectamente los vecinos de las chozas colindantes, y llegaron claras y precisas a los oídos de los combatientes; pero no les intimó nada; continuaron la lucha estoicos y decididos, causando bajas cuando para ello tenían ocasión.

Algunos testigos aseguran que, para consumar sus propósitos de incendio, ordenaron al guardia de asalto que permanecía herido al pie del murete, para que con su mechero prendiera en el techo por su parte inferior, amenazándole incluso con rematarle si no lo ejecutaba; como el guardia no obedeciera la orden, bien por no poder o quizás por temor a ser blanco de unos o de otros si se incorporaba, los sitiadores se decidieron a obrar por su cuenta utilizando los algodones impregnados en gasolina, a los que para darle un mayor impulso les ataban unas piedras; pronto las llamas hicieron presa en el techo de la choza y ésta quedó convertida en una inmensa hoguera, cuyos resplandores siniestros destacaban en lo alto del montículo, junto al emplazamiento de la ametralladora, las negras figuras de los guardias de asalto, que danzaban alegremente celebrando la ocurrencia; la choza, a pesar de todo, seguía vomitando plomo.

Se hundió media techumbre. Una joven envuelta en llamas salió con ánimo de ganar la corraliza y después la calle; ¡vano empeño! Al aparecer en el marco de la puerta, se oyó una descarga y la joven cayó taladrados el cráneo y pecho por las balas asesinas; en el suelo sus ropas continuaron ardiendo hasta calcinar casi por completo su cadáver: así murió Manolita Lago, amiga de la honrada familia de los «Seisdedos».

Dentro de la choza la tragedia había alcanzado su intensidad máxima. Difícil nos hubiera sido adquirir ciertos detalles, de no haber tenido la suerte de hablar con «el último superviviente», misterioso personaje a quien ni ha interrogado ni interrogará ninguna Comisión por muy parlamentaria que sea.

A las cuatro de la mañana del día 12, después de más de trece horas de fuego continuo, éste había decrecido considerablemente; y es que dentro de la choza sólo quedaban útiles dos escopetas y dos combatientes.

En la primera habitación, la pieza más amplia de la choza, conforme se entra a la izquierda, se hallaba ardiendo el cadáver de Manuel Quijada, de quien nos ocuparemos en el próximo apartado; un poco más al fondo, Josefa Franco, de cuarenta años de edad, nuera de «Seisdedos» y Francisco García Franco, esposo de Josefa.

En la parte más pequeña, o sea, la segunda pieza de las dos que componían la choza, cuyas dimensiones son de «tres metros», por «uno setenta y ocho centímetros» y que es en realidad donde se opuso la verdadera resistencia, por ser el sitio que mejores condiciones reunía para ello; estaban hacinados los cuerpos yertos, con grandes coágulos de sangre, de Francisco Cruz Gutiérrez «Seisdedos», y sus dos hijos Francisco y Pedro Cruz Gutiérrez, de treinta y cinco y treinta y siete años respectivamente.

El último en sucumbir, según versiones fidedignas, fué Jerónimo Silva. Cuando se hallaba cargando nuevamente el arma, recibió un balazo en el pecho que le hizo girar en redondo; el «último superviviente» lo retuvo un momento en sus brazos:

—Yo ya tengo bastante—; dijo el infortunado Jerónimo—esto está perdido, sálvate tú; sálvate y vénganos—; fueron sus últimas palabras.

Comprendiéndolo así, y quizás en un rapto de egoísmo justificado, manifestación brutal de instinto, «el último superviviente» se lanzó resuelto por la ventana que pocas horas antes había huido «La Libertaria »;ya fuera de la choza, emprendió una rápida carrera; fué visto por los guardias, que estrechando el cerco empezaban á hostilizar la parte posterior de la misma; una descarga y una caída y le dieron por muerto; al mismo instante que los guardias disparaban, tuvo la suerte de tropezar y caer; las balas pasaron por sobre su cabeza; llegaron dos guardias; uno de ellos, dándole un puntillón en el costado, que a poco le hunde dos costillas, exclamó;

— Este ya está listo.

Para no ser menos, el otro mozo le propinó una fuerte patada en los riñones.

— Bien, luego volveremos por él — fué su respuesta.

«El último superviviente», aguantando el resuello, sufrió en silencio las patadas de los bárbaros; cuando estos se alejaron pudo escapar arrastrándose, salvando la vida aun por una circunstancia fortuita; hoy en el exilio forzoso, percibe el detonar de las ametralladoras y suenan en sus oídos, más potentes que nunca, las últimas palabras de Silva pidiendo venganza.

Amanecía cuando los guardias de asalto dieron fin a su criminal tarea. La aurora despuntaba y Febo enviaba sus primeros rayos, esos rayos que un poco más tarde habían de besar en la corraliza de «Seisdedos», las frentes augustas de los mártires inmolados.

V I

MANUEL QUIJADA

A últimas horas de la tarde del día 11, mientras la casa de «Seisdedos» era hostilizada por el fuego de las ametralladoras y de los fusiles adictos al régimen de la «demo-cracia», los guardias civiles Pedro Salvo y Manuel García, del puesto de Casas Viejas, se dirigieron acompañados de unos guardias de asalto al domicilio de Manuel Quijada.

En la puerta encuentran ligeramente recostado en el quicio al obrero Antonio Bancalero.

— ¿Qué haces aquí? — le preguntan.

— Nada — responde.

— ¿No sabes que aquí no se puede parar?

— Lo ignoraba.

— Pues para que otra vez lo sepas — y uniendo la ac-ción a la palabra le asestaron sendos golpes, indicándole que se marchara a su casa.

Libres ya de testigos de vista, golpearon la puerta con la culata de los fusiles. Salió a abrir la esposa de Quijada, éste, un poco enfermo, se hallaba calentándose en el bra-cero (sic); los guardias entre insultos y palabras soeces, lo sacaron a rastras destrozándole la ropa. Ya en la calle lo esposan con las manos a la espalda; en presencia misma de su esposa, joven que se encontraba en el octavo mes de embarazo, y a quien también golpearon los guardias cuando trataba de interceder por su marido, lo apalearon bárbara, brutalmente, hasta hacerlo sangrar por todos los conductos de su cuerpo.

El objeto de la bestial paliza era el que manifestara en qué lugar tenía oculta su escopeta; por fin, no pudiendo soportar los malos tratos, declaró que la tenía en casa de Luis Barberán; la mujer de éste entregó el arma a los guardias; a pesar de que la escopeta no pertenecía a Luis, ello no le libró de las caricias de los de asalto.

Barberán fué sacado de su casa y conducido a golpes y patadas hasta la presencia de los guardias de asalto muer-tos y heridos, precisamente frente a la choza de «Seisde-dos»; de allí lo trasladaron a la posada, donde un teniente de la guardia civil impidió que le siguieran pegando; más tarde fué trasladado a la cárcel de Medina y sometido a procesamiento.

En tanto Manuel Quijada continuaba su vía-crucis hasta la fatídica choza donde había de encontrar la muerte más alevosa. Después de cansarse en el apaleamiento, uno de los de asalto, de esos «simpáticos chicos», cuyo criminal proceder elogiaba el ministro de la Gobernación, para probar sus arrestos, dirigiéndose a Quijada dijo:

— Aguarda, voy a ver si aún me quedan fuerzas.

Y alzándolo en vilo lo arrojó al aire varias veces como a un pelele; esta operación fué presenciada desde lejos por su esposa, con dolor y rabia al mismo tiempo. Después, cuando la choza de «Seisdedos» estaba ardiendo, le obligaron a entrar en la misma.

—Anda, dile a esos canallas que se entreguen.

Quijada se resistía; un culatazo en los riñones lo empujó, y emprendió vacilante la entrada en la corraliza que atravesó como un beodo; apenas ganada la puerta de la choza, se desplomó en el suelo muriendo en el acto víctima de la enorme paliza que le propinaron los guardias; algunos vecinos afirman que le hicieron una descarga cerrada cuando volvió la espalda a los guardias, lo cierto es que en uno u otro caso, Manuel Quijada murió con las esposas puestas, que fueron encontradas intactas junto a los restos de su cadáver totalmente calcinado.

VII

LA RAZZIA

Con el amanecer del día 12 empezaba la segunda parte de la tragedia; la más espeluznante, la más cruel, la más horrible; en la que no hay lucha, en la que no hay defensa propia ni zarpazos del instinto; en la que no hay justificación ni excusas posibles; en la que aparece frío, descarnado, el crimen más abyecto, perpetado (sic) en la impunidad más absoluta y con todas las agravantes: con premeditación, porque se estudió un plan, se calculó metódicamente y aun se eligieron las víctimas; con alevosía, porque se ajusticiaba a pobres enfermos, sobre los que además ejercían superioridad manifiesta que imposibilitaban toda defensa, y con ensañamiento, porque está comprobado por dictámenes emitidos por los médicos que practicaron la autopsia a los fusilados, que casi todos los cadáveres tenían diversas heridas de bala, producidas a corta distancia, mortales de necesidad la mayoría, y a otros se les apreciaba señales evidentes de haber sido rematado (sic) con el llamado tiro de gracia.

El jefe de la fuerza, después que terminaron de reducir por medio de la devastación la choza rebelde, reunió a sus huestes en la plaza del pueblo y les dijo:

—Muchachos, media hora os doy para realizar una «razzia»; a ver como os portáis.

Fué entonces cuando empezó la caza del hombre. Se formaron dos grupos; uno era guiado por el guardia Pedro Salvo y otro por el también guardia Manuel García; éstos, como pertenecientes al puesto de Casas Viejas, conocían bien a todo el pueblo y les indicaban las casas de los que tenían alguna significación y en otros casos por enemistades personales o por mandato de los caciques.

Los expedicionarios de la muerte, al quedar en libertad por su jefe para cometer toda clase de desmanes, se dispersaron por el pueblo sembrando el terror entre los tranquilos vecinos de la aldea.

Uno de los primeros que sucumbió en esta segunda y sangrienta etapa, fué el anciano Antonio Barberán Castellet, de setenta y cinco años. Se acababa de levantar y entreabrió la puerta para ver el sol como tenía por costumbre. Ante su vista aparecieron apuntando con los fusiles cuatro guardias de asalto y un benemérito.

— Salga usted — le dicen.

— No tiréis; yo no soy anarquista — responde tembloroso.

Interviene un nietecillo de Barberán que vive con él, niño de corta edad.

— No tiréis a mi abuelito; no tengo padre ni madre.

Los guardias se impacientan. El anciano se resguarda en la puerta. Suenan unos disparos y rueda por el suelo el cuerpo venerable sacudido por los estertores de la muerte. Salvador del Río, el nietecillo huérfano se abraza llorando al cadáver de su abuelito, llamándolo en vano con su infantil vocesita (sic). Los asesinos se marchan satisfechos de su hazaña.

A Fernando Lago lo llevaron a la corraliza de los «Seisdedos»; tendida en el suelo, ya cadáver y con las ropas aun ardiendo, se encontraba su hija Manuela, que horas antes fué cazada por los de asalto cuando intentó huir de la choza.

Le preguntan: ¿conoces a ésa?

— ¡¡Es mi hija!!

No pudo terminar la frase; recibe una de descarga a boca de jarro que le produce la muerte.

De una misma choza, donde se habían el refugiado ante el temor de que las suyas ardieran por la proximidad con las incendiadas, sacaron los guardias de asalto, guiados por el guardia civil Pedro Salvo, a Juan Galindo González, Juan Silva González y Cristóbal Fernández Expósito. Un grupo de guardias penetró en la casa, mientras otro se quedaba en la puerta con el fusil prevenido. En la segunda habitación se encontraban, con las mujeres e hijas tirados en el suelo, por temor a una posible descarga, todos, menos Juan Silva, que se hallaba en cama desde hacía unos días, como se pudo comprobar después con un certificado del médico que lo asistió. Lo levantaron sin embargo.

— ¡Los hombres fuera! — ordenó un energúmeno.

Mujeres y niños empezaron a llorar, suplicando a los guardias por sus esposos y padres. Todo en vano; aquellas hienas, sedientas de sangre, no tenían corazón.

— No les ocurrirá nada, van solamente a prestar una declaración — dijo otro con entonación extraña.

Juan Silva, viendo en la puerta al guardia Salvo, le dijo, creyendo encontrar la tabla salvadora.

— Salvo, usted me conoce, sabe que soy un hombre «honrao».

El guardia se encogió de hombros; más tarde parece que abonaron la conducta de Silva, alegando su enfermedad, ante el jefe de la fuerza; pero éste, desdeñosa y fíramente (sic), respondió:

— A mí, trucos de enfermedades, no; yo tengo órdenes que cumplir.

María Cruz, hija de «Seisdedos» y esposa de Silva, viendo que todas las súplicas eran vanas, hizo un supremo esfuerzo, de rodillas, con su hijita más pequeña en brazos, tomó la mano a un guardia e intentó besarla pidiendo perdón, pero éste, de un fuerte empellón, se desprendió de ella, y ambas rodaron por el suelo. Partió la comitiva levándose a los tres hombres al sacrificio. Minutos después se oyó una descarga y fuertes gritos de mujer. Animosa, Catalina Silva, hija de Juan y hermana de «La Libertaria», salió a la calle y vio que eran los familiares de Lago, que vivían frente a la choza de «Seisdedos» y contemplaban el bárbaro fusilamiento.

Presintiendo la triste verdad, se encaminó a la trágica corraliza, pero fué rechazada brutalmente por un guardia de Asalto, que le puso el cañón del fusil en el pecho; hasta ella llegaron lamentos y ayes de moribundo; más tarde supo que era su padre que no murió en el acto.

Los hermanos Juan y Manuel García Benítez, fueron sacados de su domicilio por la patrulla de Asalto, que guiaba el guardia civil Manuel García. La madre, Bárbara Benítez, daba voces como loca protestando y suplicando a un tiempo; al escuchar éstas, salió de la choza inmediata donde vivía, su hermano Manuel, al que unieron con sus sobrinos y los tres fueron fusilados, sin más apelación, ante la choza incendiada.

Las mujeres trataron de seguirlos, pero fueron vueltas por los fusiles de los guardias; uno de éstos, exclamó:

— Dice; el capitán que ya hay bastante.

Frase elocuente que es todo un poema.

El joven José Utrera Toro, fué también sacado de la cama para asesinarlo cobardemente. Doce hombres, si este nombre hemos de darle a todo el que tenga apariencias de persona, se presentaron en su casa abriendo la puerta a culatazos.

Inútiles las súplicas de la madre, que vio perecer de inanición a tres hijos; vanas las declaraciones de inocencia:

— Si es inocente, como si es culpable; si ahora no ha hecho «na», para cuando lo haga — esto se limitaban a decir aquellas esfinges sin alma ni sentimiento, mientras el joven se iba vistiendo, invadido el ánimo por negros presentimientos.

Una última súplica:

— Es lo único que me queda; por Dios, no me lo maten.

— No se preocupe, «es sólo una declaración».

A los pocos minutos, una descarga. La madre que corre enloquecida; llega a la corraliza, y contempla con horror un montón informe de cadáveres, un verdadero río de sangre que los perros beben con avidez.

Se abraza al cuerpo de su hijo besándolo apasionadamente, con unción, como sólo saben besar las madres; succionando con sus labios las heridas, como si quisiera devolver a la vida al ser que le robaron canallescamente...

De la misma forma fueron muertos Balbino Zumaquero y Andrés Montiano, después de haberlos sacado igualmente de la cama, donde aún se hallaban descansando. Y ante los lloros y súplicas, ante la recia protesta de los familiares, las torpes excusas de las declaraciones, y sin embargo, pocos minutos después caían como los demás, vilmente asesinados por aquellos hombres siniestros, amamantados, sin duda, en las ubres del vicio y de la insensibilidad.

Manuel Pinto, al ser requerido por los guardias, mostró a su madre anciana y enferma, necesitada de sus cuidados, pidió clemencia por ella, que moriría sin sus cuidados solícitos.

— Es cuestión de un momento — dijo mordaz un guardia.

Y efectivamente, era cuestión de un momento...

Juan Grimaldi fué sacado de su domicilio en unión de su padre, anciano de setenta y dos años; a éste lo soltaron cuando iban camino de la corraliza; se conoce que este no era el grupo que estuvo en casa del anciano Barberán, ya que querían gastar también sus escrúpulos. El infeliz Grimaldi sufrió, como sus compañeros, la pena capital impuesta, sin formación de causa y apelación posible, para baldón de un régimen y escarnio de la civilización.

VIII

ROBO Y SAQUEO

Cuando el capitán creyó cumplida su misión, avisó a los «chicos» para que no trajeran más hombres; de continuar así, pronto terminarían con todo el vecindario; imposible hacer más en menos tiempo; vale la pena mandar una tropa tan aguerrida y pundonorosa.

La acción devastadora la emprendieron ahora con las casas. Se dirigieron a la taberna de Cristóbal Lázaro; por estar en las proximidades del Sindicato, pensaron que el dueño había de ser, necesariamente un elemento peligroso, un hombre de acción. Encuentran la puerta cerrada, pero, ¡bah!, esto es un inconveniente de poca monta; no hay puerta que resista las culatas de los fusiles, y más si éstos se hallan en manos expertas de inconsciente galarciano.

Entraron y. empezaron el saqueo; los chicos tenían hambre y tomaban los alimentos de donde los había. Consumieron el vino de marca que había en el establecimiento; unas cuarenta botellas aproximadamente; latas de sardina, jamón, queso, en fin, cuanto encontraron a mano era poco para saciar el hambre voraz de sus estómagos, capaces también de digerir piedras como los de los buitres.

Cuando terminaron la frugal comida, después de haber comentado entre sorbo y sorbo las incidencias de la matanza, empezaron a golpes con los enseres, destrozando las sillas, mesas, estanterías y mostrador, llevándose además «cien pesetas» que había en el cajón del mismo, sin duda con algún fin benéfico.

Numerosas escenas de vandalismo y pillaje se dieron durante las luctuosas jornadas. Muchos vecinos dicen que antes de fusilarlos se les registraba y el dinero y objetos de valor pasaba a poder de los de asalto, y que alguno que se pasó sin este requisito fué registrado después de muerto. Por nuestra parte, afirmamos que al compañero Juan Estudillo, tesorero del Sindicato, le quitaron los aprovechados discípulos de Monipodio «cincuenta y ocho pesetas»; y. el compañero José González cuenta cómo desaparecieron de su casa «setenta y cinco pesetas» después de la visita y saqueo que le hicieron los émulos de Atila.

Acto seguido asaltaron el local del Sindicato, donde causaron destrozos de consideración; las sillas, mesas, bancas y pizarras fueron el blanco de la animalidad primitiva, distinción característica de las hordas, y de que tanto blasonan las huestes mercenarias creadas por Galarza para garantizar la vida y sosiego de los próceres.

Desde el primer instante se agruparon en torno a los guardias, cooperando en la represión, un número determinado de burguesitos, de «señoritos» de pueblo, que en algunos casos, como en el de José Vela, que reseñamos en otro lugar, hicieron fuego contra los campesinos.

Cuando unos y otros se consideraron vengados en los enseres destruidos, se marcharon orgullosos; pero antes izaron la bandera tricolor donde ondeó breves momentos la rojinegra del Sindicato. Este acto patriótico fué acogido con clamores de entusiasmo por la homogénea concurrencia de «señoritos», que prorrumpió en vítores y aplausos al flamear triunfante la enseña de la reacción.

— ¡¡Viva la República!! ¡¡Vivan los guardias de asalto!! El eco repetía lúgubre el graznido repulsivo de los cuervos...

IX

DETENCIONES Y APALEAMIENTOS

Pasados los primeros días de terror, y después de diversas batidas en el monte, los campesinos, que huyeron ante la imposibilidad de resistencia, poco a poco fueron cayendo en las garras de lo que se ha dado en llamar «Justicia Histórica».

Unos se entregaban, fiados en su inocencia, y otros eran

SOLIDARIDAD.—Otro grupo de familiares, entre los que se halla una Comisión de obreros de la capital que repartían los primeros donativos en la aldea.

LUGARES DEVASTADOS. – Restos de la choza de "Seisdedos". En primer término, a la izquierda, puede apreciarse la habitación pequeña, donde se hicieron fuertes los valientes. Un poco más al fondo, la Comisión parlamentaria extraoficial examinando el lugar de la tragedia.

LUGARES DEVASTADOS. – Otra perspectiva de la choza. A la derecha, donde aparece el público, la calle Medina; se aprecian la corraliza y la choza en primero y segundo término desde la citada calle. Al fondo de la foto los muros de otra casa incendiada.

M. SILVA CRUZ («Libertaria»)

cazados por la fuerza pública, distribuida estratégicamente y en ojeo permanente; pero ni las condiciones y circunstancias de detención, ni la ausencia absoluta de la delito era causa para determinar un trato de favor; a casi todos los detenidos se les apaleaba de una manera bestial en la cárcel y cuartel de la guardia civil de Medina Sidonia.

Quienes más se destacaban en la aplicación de estos tormentos eran el tristemente célebre guardia civil del puesto de Casas Viejas, Manuel García, que se trasladaba a Medina para efectuar esa operación cada vez que era apresado un elemento de «calidad»; de calidad le llaman a estar inscripto en la lista negra que tienen en cada pueblo los comandantes de la guardia civil; lista facilitada por los caciques y en las que se encuentran aquellos que no se doblegan a los caprichos del amo. El otro sicario, que también hacía gala de su hombría reventando los dedos de los pies a los detenidos, con la culata del fusil, es el sargento Marín, comandante del puesto de Medina Sidonia, ente repulsivo, que tiene las cerdas del bigote tan largas como las de la conciencia; por su criminal proceder, siendo cabo de Cádiz, se ganó el sobrenombre de GRANERO.

Miente quien afirme los que en España no se maltrata a detenidos; lo cierto es que se pega, en las Comisarías de vigilancia, en los cuarteles de la cárcel guardia civil, en la cárcel y aun en presencia del Juez; damos la relación de maltratados, testigos y actores, aunque pasivos, de cuanto decimos a este respecto: Bartolomé González Bancalero, Ricardo Moreno Cabeza, Juan Pérez Franco, Antonio González Pérez, Miguel Guillén Quirós, Francisco Giménez Candón, Manuel González Pérez, Balbino Montiano Cruz, Juan Pérez Clavijo, Antonio Cabañas Salvador, Antonio Rocha Cañestro, Juan González Cerrudo, José Moreno Estudillo, Francisco Olivencia Domínguez, José Julián Rodríguez, Antonio Sánchez Toro, Pedro Moya Paderas, Bernardo Rodríguez Quirós, Juan Sánchez Cornejo, Juan

Estudillo Torrejón, Manuel García Luna, José Sánchez Moreno y Francisco Sánchez García, además los hermanos Antonio, Sebastián y Miguel Pabón Pérez, y otros cuyos nombres no hemos podido adquirir.

¿Quién frente a estos seres martirizados se atreverá a decir que no es verdad lo de los apaleamientos? ¿Qué ha sido mentira, un sueño los golpes recibidos que tundieron y amorataron sus cuerpos? Nadie, por muy cínico, por muy criminal que sea.

Destacaremos algunos casos por su ejemplaridad.

Uno de los compañeros con quienes más se ensañaron fué Antonio Cabañas Salvador, conocido por «El Gallinito», (1) novio de «La Libertaria» a quienes (sic) dieron tan tremenda paliza que cuando llegó a la cárcel de Cádiz, causaba compasión; un mes después, cuando lo visitó en el penal del Puerto de Santa María la Comisión parlamentaria, aun se les podían apreciar, claras e indubitables, las equimosis. Este compañero fué maltratado antes y después de declarar y en presencia del mismo Juez que en Medina empezó a instruir las primeras diligencias. Lo que demuestra que la independencia del poder judicial es un mito.

El caso de los compañeros Rocha y Olivencia es aún más indignante. Dichos compañeros fueron apaleados con más furor si cabe, que el amigo anteriormente citado. Magullados los pies a culatazos, y acardenalados los costados, espaldas, piernas y brazos, en los que se apreciaban a simple vista las profundas huellas de los golpes; pasaron a la enfermería de la cárcel de Medina, y el médico que los asistió y que es un topo o un malvado, certificó que lo que padecían ambos detenidos era una fuerte «afección gripal», y se quedó tan fresco.

---

(1) En los pueblos son muy corrientes los apodos, que se trasmiten de una a otra generación.

Cuando el mentado guardia civil Manuel García supo que en la cárcel de Medina se encontraba detenido Miguel Pabón, a quien los guardias de asalto buscaron con ansias por el pueblo el día de los sucesos, con las intenciones que son de suponer, se trasladó allí con ánimo de hacerlo «cantar» por los procedimientos en él peculiares.

Ya en el calabozo del detenido, y después de haberle injuriado e insultado soezmente, así como de haberle propinado algunos golpes, le amenazó con pegarle un tiro si no declaraba haber hecho fuego contra los guardias.

— Pero si yo no he hecho eso.

— No importa; has de decirlo, o de lo contrario lo pasarás mal.

Apoyó el cañón del fusil en el pecho del detenido. Entonces otro guardia, que oficiaba de ayudante con García, dijo a éste.

— Retírate un poco; así te vas a llenar de sangre.

— Es verdad.

Retrocedió el al extremo opuesto del calabozo y montando el fusil encañonó a Pabón; no necesitaba más el desdichado, que tenía presente la muerte reciente de su madre, a consecuencia de las continuas amenazas de que fué objeto, se confesó autor del delito y dijo cuánto y cómo quiso que dijera el guardia.

Así se hacen los atestados que más tarde sirven a los estirados magistrados para administrar justicia.

Así proceden las autoridades en esta República «democrática», que monopolizan los socialistas.

X

MENTIRAS Y SOFISMAS OFICIALES

Jamás para ocultar la verdad se recurrió a más trucos; se emplearon con mayor profusión el sofisma y la reticencia; pero ¡ah!, en esta ocasión había que hacerlo, porque la verdad representaba un estigma para el régimen y una enorme responsabilidad para los que dieron las órdenes de exterminio, y para los que se excedieron en el cumplimiento de las mismas.

Mas a pesar de todo, la verdad ha resplandecido por encima de las mentiras y sofismas oficiales, contados en todos los tonos por la prensa del corro; el pueblo conoce en toda su intensidad el drama de Casas Viejas.

Se afirmó gratuitamente para rebajar, con un gesto de crueldad, la recia figura del valeroso «Seisdedos»;que éste había atado al guardia muerto a los barrotes de la ventana mostrándolo a sus compañeros; pues bien; las ventanas de la choza nunca han tenido barrotes; además, la que está en lo que pudiéramos llamar fachada principal, mide solamente «veintitrés» por «veintisiete centímetros» y en su parte interior había una cocinilla que ocupaba aproximadamente «un metro treinta centímetros», de forma que para mostrar por tan pequeña abertura y en esas condiciones un cuerpo humano, ya en rigidez cadavérica, hubiera sido preciso seccionarle algunos miembros.

La orden de razzia y el fusilamiento alevoso, ¿obedecía a una represalia cruel para que sirviera de ejemplar castigo en lo porvenir? Esta es la realidad; sin embargo, se ha tratado de desvirtuarla, diciendo que todos los veintidós campesinos, incluyendo las mujeres, cooperaron a la resistencia de la choza hostilizando a la fuerza pública; por si no fuera bastante cuanto llevamos relatado, que nadie podrá desmentir, vamos a demostrar brevemente que semejante aseveración carece de fundamento.

Las dimensiones de la choza no permitían que tal cantidad de personas pudieran permanecer dentro de ella en actitud defensiva. El murete posterior, en su cara interna, muestra claramente los impactos de las ametralladoras que la batían desde un plano elevado; esto hacía que sus habitantes, huyendo a las balas se refugiaran en la pared delantera y que esto fuera el único frente de lucha. Longitudinalmente y entre las dos piezas que la constituyen, la choza mide un total de «seis metros» con «veintiocho centímetros»; descontando «un metro treinta» de la cocinilla y «ochenta centímetros» de la puerta, «quedan libres cuatro metros y centímetros», y suponiendo que solo medio metro necesitara una persona para disparar, nos encontramos con que únicamente ocho individuos pudieron hacer frente a la fuerza pública; pero tenemos otro problema: las armas; ninguno de los dos que lograron escapar de la casa se llevaron escopetas; en los escombros de la choza sólo se encontraron restos de dos; ¿con qué pudieron disparar los demás?

Mas aun cabe una última observación: los cadáveres que aparecieron en el interior el de la choza estaban totalmente calcinados hasta extremo que hacían muy difícil su identificación; por el contrario, los que aparecieron en la corraliza, apenas si presentaban heridas de quemaduras y éstas de escasa consideración, como de haber sido arrojados al fuego cuando éste no era más que un rescoldo; de haber estado dentro de la choza, ¿qué suerte hubieran corrido?; la misma que sus moradores, nos responde la lógica.

Al amanecer pasó por delante de la corraliza el médico titular don Federico Ortiz; dos horas más tarde sostenía este breve diálogo con un vecino del pueblo, que le contaba horrorizado el montón de cadáveres que había en la casa de «Seisdedos».

—Eso no es cierto; yo he pasado por allí temprano y solo vi dos.

—Pues ahora hay ¡catorce!

—No puede ser.

—Vaya y véalo.

Poco después comprobaba la certeza de esas afirmaciones, y aunque médico, familiarizado con el dolor y la muerte, no pudo reprimir un movimiento involuntario de espanto ni vencer la repugnancia que le producía semejante crimen.

La prensa mercenaria, la gran ramera, no ha podido tapar con el manto de la maledicencia y valida de los tópicos y sofismas acostumbrados, la espantosa visión de la barbarie cometida en Casas Viejas.

XI

HAN PASADO LOS BARBAROS

Nada tan triste como la primera visita a Casas Viejas después de la hecatombe. Dolor, desolación; luto en las personas y en las cosas. Contemplando los restos de la choza, cuyas piedras calcinadas y ennegrecidas por el fuego nos hablan del gran crimen; viendo correr a raudales las lágrimas por los ojos de las mujeres del pueblo, todo amor y sensibilidad, y viendo también cómo los hombres aprietan los puños con rabia e impotencia al recordar las trágicas escenas; contemplando los hogares devastados, un sentimiento de congoja nos oprime: muerte y desolación; «¡han pasado los bárbaros!» piensa inconsciente nuestra imaginación, recordando la gran invasión que registra la Historia; los bárbaros, maquillados con un ligero barniz de civilización, pero bárbaros, profundamente bárbaros en el fondo, y para mayor sarcasmo no procedentes del norte.

A cada paso escenas y espectáculos conmovedores. Los supervivientes y más aún los familiares de los muertos, viven una tragedia permanente; con una retentiva formidable a cada visitante le narran las horribles escenas, con el natural sufrimiento, puesto que mentalmente las reproducen y vuelven a vivirlas. Una hermana de «La Libertaria», niña de corta edad, padece del corazón; cuando ve gente forastera en su casa llora copiosamente agarrándose a las faldas de la madre, presa de terror, huyendo de un enemigo invisible.

Una vecina cuenta horrorizada cómo vio a un perro correr con una mandíbula humana en la boca; lo ahuyentaron y enterraron el triste resto. Los lamentos y gritos de María Toro, la madre a quien arrancaron su único hijo para matárselo, parten el alma; a voces pide que le den muerte también, ya que vivir para ella después de lo visto no tiene objetivo.

Vicenta Pérez Monroy, madre de los Pabones, no pudo resistir el sufrimiento; murió en Cádiz cuando fué a visitar a sus hijos a la cárcel donde se encontraban. Esta pobre mujer que vivió las horas de horror en la aldeíta gaditana, vio cómo los guardias de asalto revolvieron su choza varias veces buscando a sus hijos; en vano protestaba añadiendo que ellos se encontraban fuera del pueblo desde antes del movimiento; por toda respuesta, los guardias que obedecían una consigna expresa para con estos compañeros, replicaban:

— De nada ha de servirles el que se escondan; los mataremos como a perros donde los encontremos.

Esto dicho a la madre por aquellos hombres que habían demostrado su carencia de escrúpulos, fué el germen de la enfermedad que la llevó a la muerte. Más tarde supo la detención de ellos y el comportamiento del guardia García para con su hijo Miguel; el malestar se acentuó y a los pocos días dejaba de existir llamando a sus hijos y maldiciendo a los verdugos.

Al terror de los primeros días sucedió en el pueblo una saludable reacción; quienes antes callaban dominados por el ambiente de silencio y de muerte, hablaron después sin temor, gritando a los cuatro vientos las canalladas cometidas y exigiendo justicia.

Un viejecillo septuagenario, de cabellos blancos y pupilas muertas, nos hablaba con calor de la revuelta.

—Yo sé — decía con acento firme refiriéndose a la Comisión parlamentaria — que esta gente tampoco hará «ná»; más que el amor a la causa, más que la piedad a los caídos, los guía el interés político, las ganas que tienen de coger las riendas «pa jacer» lo mismo que éstos; como ellos siguen el camino de los de antes y siempre igual; si el pueblo «quié» justicia, «verdadera» justicia, ha de «jacerla» él; no los políticos, que «tos» son iguales. Calló un momento y luego continuó:

—Yo no lo veré, pero mis nietos, sí; el mundo no ha «sío» siempre «iguá» ni «pué seguí» así por mucho tiempo.

Las palabras del anciano labriego, de tez morena, cruzada por profundos surcos que semejaba un viejo jefe de tribu, interpretaban el sentir de los presentes; y es que el campesino andaluz es rebelde por naturaleza, anarquista por temperamento.

EMOCION Y SENTIMIENTO.— El director de «C.N.T.» compañero Avelino González, depositando una sencilla corona en la modesta tumba de los héroes de la Libertad. En el lazo rojinegro de la misma, destacaban las iniciales «C.N.T. y F.A.I.»

LUTO Y DESOLACION.—Un grupo de familiares de los sacrificados, de cuyos rostros contraídos por el dolor, no ha desaparecido todavía la mueca de espanto.

María Cruz (1) hija de "Seisdedos" y madre de "La Libertaria", que refiere llorosa la tragedia y cuenta cómo sacaron de la cama, donde estaba enfermo, a su esposo Juan Silva para asesinarlo en la corraliza. Catalina Silva (2) hija de María y hermana de "La libertaria", que oyó los lamentos de su padre moribundo sin poder auxiliarlo.

IMPARCIALIDAD Y REALISMO.—Documento importante de un vecino de Casas Viejas, que coincide y afirma nuestro relato.

Texto de la carta autógrafa:

*No tenga V. que llamarme más la atención,
como es su deber, tan justamente.*

*Tenga entendido que, muy de veras, este
mes le mandaré todo cuanto pueda coger,
pues tengo mucho interés en pagarle ahora.*

*Entre tanto, queda incondicionalmente a
sus órdenes su siempre agradecido amigo que
le saluda atentamente y e. s. m.,*

ANDRES MUÑOZ.

*Sr. Caramé; ya sabrá de los trágicos suce-
sos de este pueblecito, aunque la prensa no
ha dicho la verdad todavía; dicen muchos
que sólo mataron a ocho, y no es así, pues
los de Asalto, indignados de que desde que
llegaron por la tarde hasta las cuatro de la
mañana no había ninguna baja de paisanos*

y sí de ellos, al ser de día fueron de casa en casa, y al primero que veían lo cogían y le decían que iba a declarar y donde lo llevaban era al patio de los «Seisdedos» y querían hacerlo entrar en la choza, aun ardiendo, para que dijeran cuántos muertos había quemándose; ¡figúrese, cómo iba a entrar!, y le daban un culatazo y lo caían al suelo y le daban una descarga y allí quedaba. Luego iban por otro y le decían. «¿Tú conoces a ése?»; y al mirar el pobre, recibía una descarga y allí quedaba. Y así uno y otro y sacaron a 14 de sus casas que murieron acribillados. Un montón que imponía. Muchos se abrazaban a los guardias y luchaban con ellos, pero todo era en vano. Esto fué de día, y los gritos que daban imponían. Todos eran inocentes. Ya usted ve qué harían, que había guardias de Asalto llorando después de eso. Y muchas cosas más que no dicen.

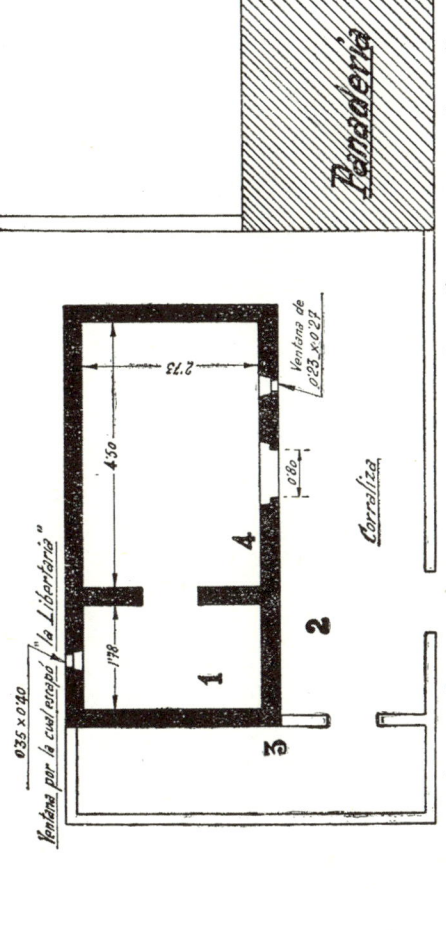

Panadería

Corraliza

Calle Medina

0'35 x 0'40

Ventana por la cual escapó "la Libertaria"

Ventana de 0'25 x 0'27

1 — Reducto donde se hicieron fuertes "los cascados" y sus compañeros y en él que aparecieron sus restos calcinados.

2 — Lugar de la corraliza donde fueron fusilados los campesinos, y aparecieron en informe montón catorce cadáveres.

3 — Sitio hasta donde logró llegar arrastrándose el guardia de asalto herido.

4 — En este lugar aparecieron intactas las esposas que llevaba puestas Manuel Quijada, junto a su cadáver completamente calcinado.

XII

¡¡REMEMBER!!

Entrar a sangre y fuego; ni heridos ni prisioneros; el Gobierno sólo quiere muertos; nada de capitulación; el que la pida ha de caer el primero; esta fué la orden fría que se comunicó a los jefes de compañía para reprimir el movimiento insurreccional de Casas Viejas, y el que las daba añadía por su cuenta:

— Ha de quedar recuerdo de esto mientras vivamos.

El capitán Rojas cumplió como buen subordinado, y el recuerdo sobrevivirá a su muerte; su nombre, como el de aquellos que dieron la orden y emplearon la táctica impunista para acallar los clamores del pueblo, pasará a la historia envuelto en el fango de sus propias acciones.

No; el pueblo no olvida, no puede olvidar el crimen de Casas Viejas, como no olvida todos los cometidos por la República desde su advenimiento.

Sevilla, San Sebastián, Epila, Jeresa, Arnedo, y últimamente Barcelona, Cádiz, Sallent, Mira, Bugarra, Lérida, Valencia, Tarrasa, Ripollet, Castellón y tantos otros pueblos de España donde cayeron hermanos nuestros vilmente asesinados por los defensores del orden social establecido, están muy presentes en la mente del proletariado español.

Cuando el clarín de guerra suene llamando a la pelea, a los defensores de la santa causa de la Revolución, éstos recordarán en esa hora suprema y única todos los crímenes del Capitalismo, de la Burguesía, del Estado y procurarán extirpar definitivamente la causa para evitar la repetición de efectos.

¡¡Adelante por la Revolución y el Comunismo Libertario!!

¡¡Hurra por la Anarquía!!

¡¡Remember!!   EL COMITE REGIONAL.
Sevilla 1 Marzo 1933.

INDICE

LEED Y
PROPAGAD
C. Π. T.

REVOLVCION SOCIAL

EDITADO POR EL
COMITE REGIONAL
D ANDALUCIA Y EXTREMADURA, A
BENEFICIO DE LAS VICTIMAS DE LA
REPRESION.

Precio: 30 Cts.

Imp. Fernández.—Sevilla

. . . .

*Este libro se edita el enero de 2024, cuando se cumplen
91 años de la matanza de Casas Viejas y de la
publicación del folleto.*
*Para la presente realización del mismo los editores han
optado por componer una reconstrucción facsimilar
del original, dada la mala calidad de la copia que
se disponía. Para ello, se ha intentado rehacer la
disposición tipográfica y la diagramación primitiva,
así como eliminar signaturas y huellas de su paso por
bibliotecas del ejemplar.*
*El sistema de impresión también es diferente, así como
la calidad del papel. Las tipografías utilizadas son
recreaciones de los tipos de plomo originales, pero en
versiones actuales para la edición electrónica.*
Se ha respetado la paginación original del folleto.

. . . .

EDITA
Fundación Anselmo Lorenzo
Peñuelas, 41 | 28001 Madrid | fal@cnt.es

© DE LA INTRODUCCIÓN
José Luis Gutiérrez Molina

IMÁGENES
Biblioteca Nacional de España; Hemeroteca
Municipal de Sevilla (fondo Serrano y Sánchez
del Pando); revista *Mundo Gráfico*, núm. 1107
de 18 de enero de 1933.

MAQUETACIÓN Y DISEÑO
Enrique López Marín

ISBN
978-84-127509-2-8

DEPÓSITO LEGAL
M-3502-2024